São Geraldo Majela

J. Alves

São Geraldo Majela

Novena e biografia

Citações bíblicas: *Bíblia Sagrada* – tradução da CNBB, 2001.
Editora responsável: Celina Weschenfelder
Equipe editorial

Imagem da capa: Missionários Redentoristas

2ª edição – 2008
5ª reimpressão – 2020

Nenhuma parte desta obra poderá ser reproduzida ou transmitida por qualquer forma e/ou quaisquer meios (eletrônico ou mecânico, incluindo fotocópia e gravação) ou arquivada em qualquer sistema ou banco de dados sem permissão escrita da Editora. Direitos reservados.

Paulinas
Rua Dona Inácia Uchoa, 62
04110-020 – São Paulo – SP (Brasil)
Tel.: (11) 2125-3500
http://www.paulinas.com.br – editora@paulinas.com.br
Telemarketing e SAC: 0800-7010081

© Pia Sociedade Filhas de São Paulo – São Paulo, 2005

Introdução

Você vai gostar de conhecer a vida de são Geraldo Majela, por sua grande capacidade de amar a Deus e aos irmãos. Mesmo em vida, gozava do privilégio de ser amigo íntimo de Deus e das pessoas. Os seus devotos testemunham sentir sua presença como a de alguém que está sempre próximo.

A ele você pode confiar seus pedidos, suas dificuldades e necessidades, porque são Geraldo enfrentou os problemas materiais e espirituais semelhantes aos da atualidade: incompreensão, desconfiança, calúnia, problemas pessoais e familiares, dificuldades financeiras, desemprego, preconceito etc.

Numerosos são os devotos de são Geraldo no mundo. No Brasil, sua devoção foi propagada pelos missionários do Santíssimo Redentor (os padres redentoristas), congregação religiosa a que pertenceu. A estima que o povo lhe dedica não é mero fruto da piedade popular descomprometida, mas deriva de seu exemplo de vida autêntica e evangélica.

Invoquemo-lo como nosso intercessor junto de Deus!

Quem foi são Geraldo

São Geraldo Majela não nos deixou densos tratados dogmáticos; tampouco se destacou como ardoroso pregador, arrebatando multidões em seus sermões, porém vivenciou Deus em sua vida, seguindo os costumes de sua época. Fez uma opção de vida – a religiosa – e procurou ser coerente com sua vocação. Rezava, jejuava, servia ao próximo, obedecia – atos praticados por muitos, mas que nem por isso agradam a Deus, que conhece nossas intenções mais íntimas e sabe quando nosso gesto de entrega é verdadeiro.

O jovem confiou plenamente na Providência Divina e entregou-se a ela, que lhe concedia favores incontáveis e o defendia do poder do mal. Com isso, ele nos mostrou que, pela fé e pela entrega de nosso ser a Deus, somos enriquecidos a todo momento com inumeráveis dons e divinas inspirações.

Sua mensagem é muito atual: "Precisamos ir além de nossas vaidades e rixas pessoais e descobrir o olhar amoroso de Deus, que nos sonda a cada instante, sempre pronto para estender as mãos e nos amparar em nossas fraquezas". São Geraldo auxilia-nos a cultivar a consciência de que Deus nos amou primeiro e que cuida de nós até quando nos afastamos dele e nos sentimos auto-suficientes. Seu amor por nós é perene.

Oxalá nos momentos difíceis de sua vida, da vida de sua família, de sua comunidade, você possa gozar da amizade espiritual de Geraldo Majela. Oxalá você possa inspirar-se em seu espírito de luta, em sua simplicidade de coração, em sua obediência à vontade de Deus e, assim, caminhar de fronte erguida, e com firmeza jogar as dificuldades pra lá, sabendo que Deus jamais desampara os que nele depositam sua confiança.

PRIMEIRO DIA

Geraldo: amado por Deus

V. Vinde, ó Deus, em meu auxílio.
R. Socorrei-me sem demora.
Glória-ao-Pai.

Oração inicial

Ó são Geraldo, que desde pequeno vos agarrastes à Mãe de Deus com firme confiança e por meio dela obtivestes favores admiráveis, intercedei a Deus por mim para que na sua ternura e misericórdia venha em meu socorro, especialmente neste momento difícil em que preciso de vossa proteção e ajuda. Entregastes vossa vida inteiramente a Deus, enfrentando as dificuldades como uma oportunidade de vos aproximar mais de Jesus pelo caminho da cruz. Intercedei, pois, a Deus por mim para

que ele me conceda a graça de que tanto necessito (*fazer o pedido*).

O aprendiz de alfaiate

Geraldo Maria Majela nasceu em Muro, província de Potenza (Itália), no dia 16 de abril de 1726, e faleceu, vítima de tuberculose, em 16 de outubro de 1755. Foi beatificado por Leão XIII, em 29 de janeiro de 1893, e canonizado por Pio X, em 11 de dezembro de 1904.

Seu pai, Domingos Majela, exercia a profissão de alfaiate. Sua mãe, Benedita Cristina Gadella, devota de Nossa Senhora e dos santos anjos, era dona-de-casa. Desde cedo, ensinou aos filhos, Brígida, Ama, Isabel e Geraldo, a rezar, levando-os freqüentemente à igreja de La Madonnita, em Capodigiano. Órfão de pai aos 12 anos, Geraldo começou a trabalhar como aprendiz na alfaiataria de Martinho Panuto. Conta-se que, nessa época, sofreu muito nas mãos de um instrutor que não perdia ocasião para humilhá-lo e agredi-lo física e moralmente. Entretanto, seu mestre Martinho, que o admirava por suas virtudes morais e espirituais, tomou sua defesa, fazendo cessar as agressões.

A todos impressionava o fato de o jovem não revidar as afrontas, suportando tudo com humildade e paciência, pois sabia ver nos sofrimentos corporais e espirituais um modo especial de unir-se a Jesus sofredor, que foi humilhado e crucificado para a remissão dos pecados. O seu ideal de vida foi o de assemelhar-se a Jesus Cristo em seus sofrimentos e humilhações, trilhar o caminho da cruz do mesmo modo que o Mestre, e sofrer com ele aos pés da cruz como fez Maria, as santas mulheres e João, o discípulo amado. Fiel a essa mística dominante na época, sentia-se participante da obra redentora de Jesus: completava em seu corpo o que faltava à redenção de Cristo.

Leitura bíblica

"Os céus narram a glória de Deus, o firmamento anuncia a obra de suas mãos. O dia transmite ao dia a mensagem, e a noite conta a notícia a outra noite" (Sl 19[18],2-3).

Oração final

São Geraldo, anjo da pureza, mártir da penitência, serafim de amor e oração, terno filho de Maria santíssima, adorador assíduo da Eucaristia e perfeito imitador de Jesus obediente, peço-vos que nos obtenhais essas virtudes. Por vosso espírito de humildade e predileção para com os pequenos e pobres, obtende-nos de Deus um coração pleno de misericórdia.

Rogai pela santa Igreja, por nossa pátria e nossas famílias. Rogai por nós, para que, imitando as vossas virtudes neste mundo, possamos um dia convosco cantar eternamente a glória do Pai, do Filho e do Espírito Santo. Amém.

Rezemos

Pai-nosso, Ave-Maria e Glória-ao-Pai.

São Geraldo, protetor dos pobres, rogai por nós.

SEGUNDO DIA

Paciência nos momentos difíceis

V. Vinde, ó Deus, em meu auxílio.
R. Socorrei-me sem demora.
Glória-ao-Pai.

Oração inicial

Deus, Pai de amor, seguindo o exemplo de são Geraldo, humildemente abro meu coração a vós para que, na vossa compaixão, cureis os males que me afligem. Ficai comigo, Senhor, e auxiliai-me a recobrar a serenidade, a esperança e o sentido do viver, para vos louvar e servir meus irmãos com alegria. Que as injustiças e as contrariedades não me desorientem, mas sejam oportunidades de fortalecer e firmar minha fé em vós. Ó glorioso são Geraldo, vós estais sempre perto de Deus, intercedei

por mim nesta hora difícil e obtende-me, pelos méritos de Jesus, a graça de que tanto necessito (*fazer o pedido*).

Surgimento de uma nova era

São Geraldo viveu no início da Idade Moderna, quando o mundo efervescia com novas idéias e ideais. A humanidade vivia a ilusão de que a ciência, finalmente, haveria de ser a solução para os problemas humanos. Já não havia necessidade de recorrer a mitos ou a revelações divinas, pois a ciência, com seus experimentos, constatava tudo de acordo com a lei natural.

São Geraldo encontrava-se no limiar dessa nova era: de um lado, o declínio do ingênuo mundo centrado em Deus, no qual para tudo havia uma explicação religiosa; de outro, o mundo centrado no ser humano, no natural, na ação, na transformação, em que os fatos podiam ser explicados pela ordem natural das coisas e pela razão. Para ele, porém, Deus não era apenas um conceito, mas a própria vida de sua vida, a razão de sua existência.

Leitura bíblica

"Suporta as demoras de Deus, agarra-te a ele e não o largues, para que sejas sábio em teus caminhos. Tudo o que te acontecer, aceita-o, e sê constante na dor; na tua humilhação tem paciência, pois é no fogo que o ouro e a prata são provados e, no cadinho da humilhação, os que são agradáveis a Deus. Crê em Deus, e ele cuidará de ti; espera nele, e dirigirá os teus caminhos; conserva seu temor, e nele permanece até a velhice" (Eclo 2,3-6).

Oração final

São Geraldo, anjo da pureza, mártir da penitência, serafim de amor e oração, terno filho de Maria santíssima, adorador assíduo da Eucaristia e perfeito imitador de Jesus obediente, peço-vos que nos obtenhais essas virtudes. Por vosso espírito de humildade e predileção para com os pequenos e pobres, obtende-nos de Deus um coração pleno de misericórdia.

Rogai pela santa Igreja, por nossa pátria e nossas famílias. Rogai por nós, para que, imitando as vossas virtudes neste mundo, possamos um dia convosco cantar eternamente a glória do Pai, do Filho e do Espírito Santo. Amém.

Rezemos

Pai-nosso, Ave-Maria e Glória-ao-Pai.

São Geraldo, protetor dos pobres, rogai por nós.

TERCEIRO DIA

Compreensão da vontade de Deus

V. Vinde, ó Deus, em meu auxílio.
R. Socorrei-me sem demora.
Glória-ao-Pai.

Oração inicial

Ó são Geraldo, que desde pequeno vos agarrastes à Mãe de Deus com firme confiança e por meio dela obtivestes favores admiráveis, intercedei a Deus por mim para que na sua ternura e misericórdia venha em meu socorro, especialmente neste momento difícil em que preciso de vossa proteção e ajuda. Entregastes vossa vida inteiramente a Deus, enfrentando as dificuldades como uma oportunidade de vos aproximar mais de Jesus pelo caminho da cruz. Intercedei, pois, a Deus por mim para que ele me conceda a graça de que tanto necessito (*fazer o pedido*).

O menino que brincava com Deus

O dia-a-dia do jovem Geraldo era envolto pelo Espírito de Deus, que transformava seu ser e agir, fazendo-o viver à semelhança de Jesus. Jesus sacramentado, a Virgem Maria e os santos não eram para ele figuras cósmicas distantes, idéias ou valores, mas sim pessoas reais, que dominavam seu mundo espiritual e com os quais ele mantinha profunda comunhão.

Sua fé o fazia ver o invisível. Notava o que muitos apenas olhavam sem enxergar. Em alguns escritos mais antigos, conta-se que corria à igreja para ver o menino Deus que descia dos braços da Virgem Maria para *brincar* com ele, e que a Virgem lhe dava um misterioso pãozinho que ele levava para a mãe.

Leitura bíblica

"Levantei minhas mãos para o alto e compreendi os seus mistérios. Para ela [sabedoria] orientei minha alma e na purificação a encontrei. Com ela dominei meu coração desde o princípio, e por isso não serei abandonado. Minhas entranhas comoveram-se à sua procura: de fato, um bem precioso adquiri. Em recompensa, o Senhor me deu a língua e com ela o louvarei" (Eclo 51,26-30).

Oração final

São Geraldo, anjo da pureza, mártir da penitência, serafim de amor e oração, terno filho de Maria santíssima, adorador assíduo da Eucaristia e perfeito imitador de Jesus obediente, peço-vos que nos obtenhais essas virtudes. Por vosso espírito de humildade e predileção para com os pequenos e pobres, obtende-nos de Deus um coração pleno de misericórdia.

Rogai pela santa Igreja, por nossa pátria e nossas famílias. Rogai por nós, para que, imitando as vossas virtudes neste mundo, possamos um dia convosco cantar eternamente a glória do Pai, do Filho e do Espírito Santo. Amém.

Rezemos

Pai-nosso, Ave-Maria e Glória-ao-Pai.
São Geraldo, protetor dos pobres, rogai por nós.

QUARTO DIA

Santificação no cotidiano

V. Vinde, ó Deus, em meu auxílio.
R. Socorrei-me sem demora.
Glória-ao-Pai.

Oração inicial

Deus, Pai de amor, seguindo o exemplo de são Geraldo, humildemente abro meu coração a vós para que, na vossa compaixão, cureis os males que me afligem. Ficai comigo, Senhor, e auxiliai-me a recobrar a serenidade, a esperança e o sentido do viver, para vos louvar e servir meus irmãos com alegria. Que as injustiças e as contrariedades não me desorientem, mas sejam oportunidades de fortalecer e firmar minha fé em vós. Ó glorioso são Geraldo, vós estais sempre perto de Deus, intercedei

por mim nesta hora difícil e obtende-me, pelos méritos de Jesus, a graça de que tanto necessito (*fazer o pedido*).

O camareiro que desejava tornar-se religioso

Como relatam os hagiógrafos, antes de ingressar na congregação redentorista, Geraldo servira como camareiro a d. Cláudio Albini, bispo de Lacedônia. Havia problemas de relacionamento entre eles, mas, com paciência, o jovem enfrentou os contratempos e cumpriu seus deveres, sabendo-se semelhante a Jesus sofredor. Sincero e autêntico, não só conquistou o respeito, mas também o coração do bispo, a quem servira com dedicação.

Em 1744, após a morte de d. Cláudio Albini, Geraldo retornou às agulhas e às tesouras da alfaiataria, e tudo o que ganhava repartia de bom grado com a mãe, as irmãs e os pobres. Entretanto, o sonho de tornar-se religioso continuava vivo. Decidiu ser franciscano, mas não foi aceito. Resolveu, então, fazer-se eremita, buscando a Deus na solidão das montanhas que cercavam a cidade, mediante uma vida de austeridade e contemplação.

Por volta de 1746, o contexto religioso era marcado pela mística do Crucificado. À luz da crença cristã de que sem sofrimento não há redenção e sem morte não há expiação, Geraldo traçou seu projeto de santidade: assemelhar-se a Jesus, o servo sofredor, que, de forma obediente, aceita o sofrimento para resgatar a humanidade das trevas.

Leitura bíblica

"Pela grandeza da sua sabedoria, porém, o Senhor os distinguiu [os seres humanos] e diversificou os seus caminhos: a alguns abençoou e exaltou, a alguns santificou e aproximou de si; a outros amaldiçoou e humilhou e os removeu de suas posições. Como a argila está nas mãos do oleiro para que a molde e dela disponha a seu bel-prazer, assim o ser humano está nas mãos de quem o fez, o qual o recompensará segundo o seu julgamento" (Eclo 33,11-14).

Oração final

São Geraldo, anjo da pureza, mártir da penitência, serafim de amor e oração, terno filho de Maria santíssima, adorador assíduo da Eucaristia e perfeito imitador de Jesus obediente, peço-vos que nos obtenhais essas virtudes. Por vosso espírito de humildade e predileção para com os pequenos e pobres, obtende-nos de Deus um coração pleno de misericórdia.

Rogai pela santa Igreja, por nossa pátria e nossas famílias. Rogai por nós, para que, imitando as vossas virtudes neste mundo, possamos um dia convosco cantar eternamente a glória do Pai, do Filho e do Espírito Santo. Amém.

Rezemos

Pai-nosso, Ave-Maria e Glória-ao-Pai.
São Geraldo, protetor dos pobres, rogai por nós.

QUINTO DIA

Reerguido de sua humilhação

V. Vinde, ó Deus, em meu auxílio.
R. Socorrei-me sem demora.
Glória-ao-Pai.

Oração inicial

Ó são Geraldo, que desde pequeno vos agarrastes à Mãe de Deus com firme confiança e por meio dela obtivestes favores admiráveis, intercedei a Deus por mim para que na sua ternura e misericórdia venha em meu socorro, especialmente neste momento difícil em que preciso de vossa proteção e ajuda. Entregastes vossa vida inteiramente a Deus, enfrentando as dificuldades como uma oportunidade de vos aproximar mais de Jesus pelo caminho da cruz. Intercedei, pois, a Deus por mim para

que ele me conceda a graça de que tanto necessito (*fazer o pedido*).

Em busca do ideal

Na região montanhosa, Geraldo entregou-se à oração, ao trabalho e a rigorosas penitências. Sabendo de sua saúde frágil e dos rigorosos sacrifícios a que se submetia, seu confessor ordenou que regressasse a casa e a seu ofício. Vendo nessa ordem a manifestação da vontade de Deus, Geraldo obedeceu. Continuou a vida de oração e penitência, aguardando com paciência a disposição de Deus para auxiliá-lo a realizar o sonho de ser admitido à vida religiosa.

Com a chegada dos missionários redentoristas em Muro, por ocasião da pregação das santas missões, conheceu os religiosos. Entretanto, não foi fácil convencer os religiosos a recebê-lo na nascente congregação fundada por santo Afonso de

Ligório. Foi-lhe alegado que sua saúde era frágil, além de a própria família considerar melhor que continuasse em seu ofício de alfaiate. Porém, ele não desistiu.

Terminadas as missões na cidade, a mãe, temendo que o filho procurasse os missionários, prendeu-o no cômodo mais alto da casa. Sua decisão, porém, já estava tomada: pulou da alta janela e partiu em busca da comitiva dos missionários redentoristas que já deixava a cidade.

Leitura bíblica

"Há quem se esforça, apressa-se e sofre, e tanto mais fica desprovido. Há outro, fraco, precisando de ajuda, mais carente de força e rico só em miséria: o Senhor o observa com benevolência e o reergue de sua humilhação, levantando-lhe a cabeça, a ponto de muitos ficarem admirados" (Eclo 11,11-13).

Oração final

São Geraldo, anjo da pureza, mártir da penitência, serafim de amor e oração, terno filho de Maria santíssima, adorador assíduo da Eucaristia e perfeito imitador de Jesus obediente, peço-vos que nos obtenhais essas virtudes. Por vosso espírito de humildade e predileção para com os pequenos e pobres, obtende-nos de Deus um coração pleno de misericórdia.

Rogai pela santa Igreja, por nossa pátria e nossas famílias. Rogai por nós, para que, imitando as vossas virtudes neste mundo, possamos um dia convosco cantar eternamente a glória do Pai, do Filho e do Espírito Santo. Amém.

Rezemos

Pai-nosso, Ave-Maria e Glória-ao-Pai.
São Geraldo, protetor dos pobres, rogai por nós.

SEXTO DIA

Jesus, sua fonte de esperança

V. Vinde, ó Deus, em meu auxílio.
R. Socorrei-me sem demora.
Glória-ao-Pai.

Oração inicial

Deus, Pai de amor, seguindo o exemplo de são Geraldo, humildemente abro meu coração a vós para que, na vossa compaixão, cureis os males que me afligem. Ficai comigo, Senhor, e auxiliai-me a recobrar a serenidade, a esperança e o sentido do viver, para vos louvar e servir meus irmãos com alegria. Que as injustiças e as contrariedades não me desorientem, mas sejam oportunidades de fortalecer e firmar minha fé em vós. Ó glorioso são Geraldo, vós estais sempre perto de Deus, intercedei por mim nesta hora difícil e obtende-me, pelos méritos de Jesus, a graça de que tanto necessito (*fazer o pedido*).

A insistência do jovem

O superior da missão, pe. Paulo Cáfaro, procurou de todas as formas dissuadir o jovem de seu propósito. Mostrou-lhe a austeridade que era a vida religiosa: trabalho duro, falta de conforto, carências materiais, espírito de sacrifício, abnegação total de si mesmo... além da exigência de uma boa saúde, o que lhe faltava. Era melhor que voltasse a seu ofício de alfaiate e ajudasse a mãe e as irmãs.

Em vez de desanimar, Geraldo insistiu, dizendo que se não o aceitassem entre eles, haveriam de vê-lo todos os dias à porta do convento a pedir esmolas junto dos pobres. Suplicou que o admitissem ao menos por um período de experiência. Haveria de mostrar que sua fragilidade era apenas aparente, pois, com Deus em seu coração, tornava-se um gigante, e sua força interior, maior que os limites físicos. Conseguiu, enfim, a concessão de pe. Cáfaro.

Deus, que lhe havia aberto a porta da congregação, também o auxiliou a transformar sua fragilidade em fortaleza. E foi o que aconteceu. Em Iliceto, onde se localizava o convento, ir. Geraldo surpreendeu a todos com seu dinamismo e entusiasmo, conquistando o respeito e a estima de seus co-irmãos.

Leitura bíblica

"Quem teme o Senhor não tem medo de nada e não se apavorará, porque ele é a sua esperança. Feliz aquele que teme o Senhor! Para quem volta ele os olhos? E quem é a sua fortaleza? Os olhos do Senhor estão sobre os que o temem: protetor poderoso e esteio forte, abrigo contra o calor e sombra ao meio-dia, defesa no tropeço e auxílio na queda, elevando a alma e iluminando os olhos, dando saúde, vida e bênção" (Eclo 34,16-20).

Oração final

São Geraldo, anjo da pureza, mártir da penitência, serafim de amor e oração, terno filho de Maria santíssima, adorador assíduo da Eucaristia e perfeito imitador de Jesus obediente, peço-vos que nos obtenhais essas virtudes. Por vosso espírito de humildade e predileção para com os pequenos e pobres, obtende-nos de Deus um coração pleno de misericórdia.

Rogai pela santa Igreja, por nossa pátria e nossas famílias. Rogai por nós, para que, imitando as vossas virtudes neste mundo, possamos um dia convosco cantar eternamente a glória do Pai, do Filho e do Espírito Santo. Amém.

Rezemos

Pai-nosso, Ave-Maria e Glória-ao-Pai.
São Geraldo, protetor dos pobres, rogai por nós.

SÉTIMO DIA

Deus, seu abrigo e escudo

V. Vinde, ó Deus, em meu auxílio.
R. Socorrei-me sem demora.
Glória-ao-Pai.

Oração inicial

Ó são Geraldo, que desde pequeno vos agarrastes à Mãe de Deus com firme confiança e por meio dela obtivestes favores admiráveis, intercedei a Deus por mim para que na sua ternura e misericórdia venha em meu socorro, especialmente neste momento difícil em que preciso de vossa proteção e ajuda. Entregastes vossa vida inteiramente a Deus, enfrentando as dificuldades como uma oportunidade de vos aproximar mais de Jesus pelo caminho da cruz. Intercedei, pois, a Deus por mim para

que ele me conceda a graça de que tanto necessito (*fazer o pedido*).

A força da fé

Em 1751, fez sua profissão religiosa e acrescentou, por vontade própria, o propósito de não apenas fazer o melhor de si, mas dar o melhor de si, o que se tornou seu lema.

Conta-nos a tradição que, certa vez, para cumprir um compromisso religioso, selou o cavalo Raposo e partiu numa noite debaixo de um tremendo temporal. Ao aproximar-se do rio Ofanato, viu que as águas transbordavam. Concentrou-se em Deus e disse: "Em nome da Santíssima Trindade me passe para o lado de lá. Vamos, Raposo, em nome de Deus!". Raposo obedeceu-lhe e se pôs a atravessar o rio. Já no meio da travessia, foi surpreendido por um enorme tronco de árvore arrastado pela correnteza. Não se apavorou.

Dirigiu com firmeza o pensamento em Deus e ordenou: "Criatura de Deus, em nome da Santíssima Trindade, afasta-te de mim e do meu cavalo!". Obediente, o perigoso tronco de árvore cedeu lugar para que ele passasse são e salvo.

Sua fé e confiança em Deus conferiam-lhe esse destemor perante as ameaças e iminentes perigos de vida.

Leitura bíblica

"Tu és meu refúgio e meu escudo, espero na tua palavra" (Sl 119[118],114).

"O Senhor será uma fortaleza para o oprimido, uma fortaleza nos tempos de angústia. Confiará em ti quem conhece teu nome, pois nunca abandonas os que te buscam, Senhor" (Sl 9[9A],10-11).

Oração final

São Geraldo, anjo da pureza, mártir da penitência, serafim de amor e oração, terno filho de Maria santíssima, adorador assíduo da Eucaristia e perfeito imitador de Jesus obediente, peço-vos que nos obtenhais essas virtudes. Por vosso espírito de humildade e predileção para com os pequenos e pobres, obtende-nos de Deus um coração pleno de misericórdia.

Rogai pela santa Igreja, por nossa pátria e nossas famílias. Rogai por nós, para que, imitando as vossas virtudes neste mundo, possamos um dia convosco cantar eternamente a glória do Pai, do Filho e do Espírito Santo. Amém.

Rezemos

Pai-nosso, Ave-Maria e Glória-ao-Pai.
São Geraldo, protetor dos pobres, rogai por nós.

OITAVO DIA

Fiel testemunho de Cristo

V. Vinde, ó Deus, em meu auxílio.
R. Socorrei-me sem demora.
Glória-ao-Pai.

Oração inicial

Deus, Pai de amor, seguindo o exemplo de são Geraldo, humildemente abro meu coração a vós para que, na vossa compaixão, cureis os males que me afligem. Ficai comigo, Senhor, e auxiliai-me a recobrar a serenidade, a esperança e o sentido do viver, para vos louvar e servir meus irmãos com alegria. Que as injustiças e as contrariedades não me desorientem, mas sejam oportunidades de fortalecer e firmar minha fé em vós. Ó glorioso são Geraldo, vós estais sempre perto de Deus, intercedei

por mim nesta hora difícil e obtende-me, pelos méritos de Jesus, a graça de que tanto necessito (*fazer o pedido*).

Um milagre da obediência

Mesmo após professar os votos perpétuos, ir. Geraldo sofreu muitas injúrias e arbitrariedades. Um confrade seu testemunhou que ele ou não tinha noção das humilhações a que era submetido, ou era realmente um *santo*. Isso ficou claro no episódio em que foi vítima de calúnia, o que resultou no afastamento de seus trabalhos com o povo e na proibição de receber a Eucaristia. Obediente e humilde, acatou em silêncio a imerecida advertência. Rezava, intensificava suas penitências e suplicava a Deus a sua libertação. Quando a verdade foi revelada e sua inocência comprovada, santo Afonso confessou: "Ir. Geraldo é um santo!".

Leitura bíblica

"Perdoa ao próximo que te prejudicou: assim, quando orares, teus pecados serão perdoados. Um ser humano guarda raiva contra outro: como poderá pedir a Deus a cura? Se não tem compaixão do seu semelhante, como poderá pedir perdão dos seus pecados? Se ele, que é um mortal, guarda rancor, como é que pede perdão a Deus? Quem é que vai interceder pelos seus pecados? Lembra-te do teu fim e deixa de odiar; pensa na destruição e na morte, e persevera nos mandamentos" (Eclo 28,2-7).

Oração final

São Geraldo, anjo da pureza, mártir da penitência, serafim de amor e oração, terno filho de Maria santíssima, adorador assíduo da Eucaristia e perfeito imitador de Jesus obediente, peço-vos que nos obtenhais essas virtudes. Por vosso espírito de humildade e predileção para com os pequenos e pobres, obtende-nos de Deus um coração pleno de misericórdia.

Rogai pela santa Igreja, por nossa pátria e nossas famílias. Rogai por nós, para que, imitando as vossas virtudes neste mundo, possamos um dia convosco cantar eternamente a glória do Pai, do Filho e do Espírito Santo. Amém.

Rezemos

Pai-nosso, Ave-Maria e Glória-ao-Pai.

São Geraldo, protetor dos pobres, rogai por nós.

NONO DIA

Protetor dos pobres

V. Vinde, ó Deus, em meu auxílio.
R. Socorrei-me sem demora.
Glória-ao-Pai.

Oração inicial

Ó são Geraldo, que desde pequeno vos agarrastes à Mãe de Deus com firme confiança e por meio dela obtivestes favores admiráveis, intercedei a Deus por mim para que na sua ternura e misericórdia venha em meu socorro, especialmente neste momento difícil em que preciso de vossa proteção e ajuda. Entregastes vossa vida inteiramente a Deus, enfrentando as dificuldades como uma oportunidade de vos aproximar mais de Jesus pelo caminho da cruz. Intercedei, pois, a Deus por mim para

que ele me conceda a graça de que tanto necessito (*fazer o pedido*).

Ninguém resistia à sua bondade

Cristo sacramentado foi o centro da vida de são Geraldo. Embora cansado do trabalho árduo, freqüentemente era visto, à noite, ajoelhado perante o sacrário em prolongados encontros de oração com seu Mestre. Muitas vezes, passava a noite inteira em contemplação.

Ao ser incumbido da coleta de dinheiro e alimentos, não apenas conquistava a generosidade das pessoas, mas também ganhava seus corações para Deus, mediante a conversão, pois ninguém conseguia resistir ao homem de Deus. De fato, são Geraldo foi agraciado com dons da sabedoria infusa, da profecia, do discernimento dos espíritos, de curar as enfermidades...

Em virtude de seu cuidado extremo com os pobres, era querido de todos.

Como porteiro, era encarregado do atendimento aos necessitados que batiam à porta do convento em busca de um pedaço de pão. Além da comida, recebiam atenção, carinho, amor e o conforto da palavra de Deus em seus corações. Ele dizia: "Para os doentes pobres precisamos sacrificar tudo, porque eles são a imagem de Jesus. A Eucaristia é o Cristo invisível e o pobre doente é o Cristo visível".

É considerado o padroeiro das mães, por ter intercedido a Deus em favor delas. Em 1755, ficou gravemente enfermo. Debilitado, foi para Oliveto e dali para Caposele. Predisse o dia e a hora de sua morte: 16 de outubro de 1755 – tinha apenas 29 anos. Em 11 de dezembro de 1904, foi canonizado por Pio X.

Leitura bíblica

"Irei eu caminhando à tua frente, montanhas aplanarei, arrombarei portões de bronze e arrebentarei trancas de ferro. Entrego-te até os mais secretos depósitos e os tesouros subterrâneos. Tudo, para que fiques sabendo que eu sou o Senhor, o Deus de Israel, que te chamo pelo nome" (Is 45,2-3).

Oração final

São Geraldo, anjo da pureza, mártir da penitência, serafim de amor e oração, terno filho de Maria santíssima, adorador assíduo da Eucaristia e perfeito imitador de Jesus obediente, peço-vos que nos obtenhais essas virtudes. Por vosso espírito de humildade e predileção para com os pequenos e pobres, obtende-nos de Deus um coração pleno de misericórdia.

Rogai pela santa Igreja, por nossa pátria e nossas famílias. Rogai por nós, para que, imitando as vossas virtudes neste mundo, possamos um dia convosco cantar eternamente a glória do Pai, do Filho e do Espírito Santo. Amém.

Rezemos

Pai-nosso, Ave-Maria e Glória-ao-Pai.
São Geraldo, protetor dos pobres, rogai por nós.

Tu que estás protegido...
Salmo 91(90)

Tu que estás sob a proteção do Altíssimo
e moras à sombra do Onipotente,
dize ao S<small>ENHOR</small>: "Meu refúgio, minha
fortaleza, meu Deus, em quem confio".
Ele te livrará do laço do caçador,
da peste funesta;
ele te cobrirá com suas penas,
sob suas asas encontrarás refúgio.
Sua fidelidade te servirá
de escudo e couraça.
Não temerás os terrores da noite,
nem a flecha que voa de dia,
nem a peste que vagueia nas trevas,
nem a epidemia que devasta ao meio-dia
Cairão mil ao teu lado
e dez mil à tua direita;
mas nada te poderá atingir.
Basta que olhes com teus olhos,

verás o castigo dos ímpios.
Pois teu refúgio é o Senhor;
fizeste do Altíssimo tua morada.
Não poderá te fazer mal a desgraça,
nenhuma praga cairá sobre tua tenda.
Pois ele dará ordem a seus anjos
para te guardarem em todos
os teus passos.
Em suas mãos te levarão para que teu
pé não tropece em nenhuma pedra.
Caminharás sobre a cobra e a víbora,
pisarás sobre leões e dragões.
"Eu o salvarei, porque a mim se confiou;
eu o exaltarei, pois conhece meu nome.
Ele me invocará, e lhe darei resposta;
perto dele estarei na desgraça,
vou salvá-lo e torná-lo glorioso.
Vou saciá-lo com longos dias
e lhe mostrarei minha salvação".

Oração para pedir a saúde

Divino Espírito Santo,
criador e renovador de todas as coisas,
vida da minha vida!
Com Maria santíssima,
eu vos adoro, agradeço e amo!
Vós, que dais vida a todo o universo,
conservai em mim a saúde.
Livrai-me de todas as doenças
e de todo mal!
Ajudado com a vossa graça,
quero usar sempre bem minha saúde,
empregando minhas forças
para a glória de Deus,
para o meu próprio bem
e para o bem do próximo.
Peço-vos, ainda, que ilumineis,
com vossos dons de sabedoria e ciência,
os médicos e todos
os que se ocupam dos doentes.

Que eles conheçam
a verdadeira causa
dos males que destroem
ou ameaçam a vida das pessoas
e ajudem a defendê-la e curá-la.
Virgem santíssima, mãe da vida
e saúde dos enfermos,
sede mediadora nesta minha oração!
Amém!

NOSSAS DEVOÇÕES
(Origem das novenas)

De onde vem a prática católica das novenas? Entre outras, podemos dar duas respostas: uma histórica, outra alegórica.

Historicamente, na Bíblia, no início do livro dos Atos dos Apóstolos, lê-se que, passados quarenta dias de sua morte na Cruz e de sua ressurreição, Jesus subiu aos céus, prometendo aos discípulos que enviaria o Espírito Santo, que lhes foi comunicado no dia de Pentecostes.

Entre a ascensão de Jesus ao céu e a descida do Espírito Santo, passaram-se nove dias. A comunidade cristã ficou reunida em torno de Maria, de algumas mulheres e dos apóstolos. Foi a primeira novena cristã. Hoje, ainda a repetimos todos os anos, orando, de modo especial, pela unidade dos cristãos. É o padrão de todas as outras novenas.

A novena é uma série de nove dias seguidos em que louvamos a Deus por suas maravilhas, em particular, pelos santos, por cuja intercessão nos são distribuídos tantos dons.

Alegoricamente, a novena é antes de tudo um ato de louvor ao Pai, ao Filho e ao Espírito Santo, Deus três vezes Santo. Três é número perfeito. Três vezes três, nove. A novena é louvor perfeito à Trindade. A prática de nove dias de oração, louvor e súplica confirma de maneira extraordinária nossa fé em Deus que nos salva, por intermédio de Jesus, de Maria e dos santos.

O Concílio Vaticano II afirma: "Assim como a comunhão cristã entre os que caminham na terra nos aproxima mais de Cristo, também o convívio com os santos nos une a Cristo, fonte e cabeça de que provêm todas as graças e a própria vida do povo de Deus" (*Lumen Gentium*, 50).

Nossas Devoções procura alimentar o convívio com Jesus, Maria e os santos, para nos tornarmos cada dia mais próximos de Cristo, que nos enriquece com os dons do Espírito e com todas as graças de que necessitamos.

Francisco Catão

Coleção Nossas Devoções

- *Dulce dos Pobres: novena e biografia* – Marina Mendonça
- *Francisco de Paula Victor: história e novena* – Aparecida Matilde Alves
- *Frei Galvão: novena e história* – Pe. Paulo Saraiva
- *Imaculada Conceição* – Francisco Catão
- *Jesus, Senhor da vida: dezoito orações de cura* – Francisco Catão
- *João Paulo II: novena, história e orações* – Aparecida Matilde Alves
- *João XXIII: biografia e novena* – Marina Mendonça
- *Maria, Mãe de Jesus e Mãe da Humanidade: novena e coroação de Nossa Senhora* – Aparecida Matilde Alves
- *Menino Jesus de Praga: história e novena* – Giovanni Marques Santos
- *Nhá Chica: Bem-aventurada Francisca de Paula de Jesus* – Aparecida Matilde Alves
- *Nossa Senhora Aparecida: história e novena* – Maria Belém
- *Nossa Senhora da Cabeça: história e novena* – Mario Basacchi
- *Nossa Senhora da Luz: novena e história* – Maria Belém
- *Nossa Senhora da Penha: novena e história* – Maria Belém
- *Nossa Senhora da Salete: história e novena* – Aparecida Matilde Alves
- *Nossa Senhora das Graças ou Medalha Milagrosa: novena e origem da devoção* – Mario Basacchi
- *Nossa Senhora de Caravaggio: história e novena* – Leomar A. Brustolin e Volmir Comparin
- *Nossa Senhora de Fátima: novena* – Tarcila Tommasi
- *Nossa Senhora de Guadalupe: novena e história das aparições a São Juan Diego* – Maria Belém
- *Nossa Senhora de Nazaré: novena e história* – Maria Belém
- *Nossa Senhora Desatadora dos Nós: história e novena* – Frei Zeca
- *Nossa Senhora do Bom Parto: novena e reflexões bíblicas* – Mario Basacchi
- *Nossa Senhora do Carmo: novena e história* – Maria Belém
- *Nossa Senhora do Desterro: história e novena* – Celina Helena Weschenfelder
- *Nossa Senhora do Perpétuo Socorro: história e novena* – Mario Basacchi
- *Nossa Senhora Rainha da Paz: história e novena* – Celina Helena Weschenfelder
- *Novena à Divina Misericórdia* – Tarcila Tommasi

- *Novena das Rosas: história e novena de Santa Teresinha do Menino Jesus* – Aparecida Matilde Alves
- *Novena em honra ao Senhor Bom Jesus* – José Ricardo Zonta
- *Ofício da Imaculada Conceição: orações, hinos e reflexões* – Cristóvão Dworak
- *Orações do cristão: preces diárias* – Celina Helena Weschenfelder
- *Os Anjos de Deus: novena* – Francisco Catão
- *Padre Pio: novena e história* – Maria Belém
- *Paulo, homem de Deus: novena de São Paulo Apóstolo* – Francisco Catão
- *Reunidos pela força do Espírito Santo: novena de Pentecostes* – Tarcila Tommasi
- *Rosário dos enfermos* – Aparecida Matilde Alves
- *Rosário por uma transformação espiritual e psicológica* – Gustavo E. Jamut
- *Sagrada Face: história, novena e devocionário* – Giovanni Marques Santos
- *Sagrada Família: novena* – Pe. Paulo Saraiva
- *Sant'Ana: novena e história* – Maria Belém
- *Santa Cecília: novena e história* – Frei Zeca
- *Santa Edwiges: novena e biografia* – J. Alves
- *Santa Filomena: história e novena* – Mario Basacchi
- *Santa Gemma Galgani: história e novena* – José Ricardo Zonta
- *Santa Joana d'Arc: novena e biografia* – Francisco de Castro
- *Santa Luzia: novena e biografia* – J. Alves
- *Santa Maria Goretti: história e novena* – José Ricardo Zonta
- *Santa Paulina: novena e biografia* – J. Alves
- *Santa Rita de Cássia: novena e biografia* – J. Alves
- *Santa Teresa de Calcutá: biografia e novena* – Celina Helena Weschenfelder
- *Santa Teresinha do Menino: novena e biografia* – Jesus Mario Basacchi
- *Santo Afonso de Ligório: novena e biografia* – Mario Basacchi
- *Santo Antônio: novena, trezena e responsório* – Mario Basacchi
- *Santo Expedito: novena e dados biográficos* – Francisco Catão
- *Santo Onofre: história e novena* – Tarcila Tommasi
- *São Benedito: novena e biografia* – J. Alves

- *São Bento: história e novena* – Francisco Catão
- *São Brás: história e novena* – Celina Helena Weschenfelder
- *São Cosme e São Damião: biografia e novena* – Mario Basacchi
- *São Cristóvão: história e novena* – Mário José Neto
- *São Francisco de Assis: novena e biografia* – Mario Basacchi
- *São Francisco Xavier: novena e biografia* – Gabriel Guarnieri
- *São Geraldo Majela: novena e biografia* – J. Alves
- *São Guido Maria Conforti: novena e biografia* – Gabriel Guarnieri
- *São José: história e novena* – Aparecida Matilde Alves
- *São Judas Tadeu: história e novena* – Maria Belém
- *São Marcelino Champagnat: novena e biografia* – Ir. Egídio Luiz Setti
- *São Miguel Arcanjo: novena* – Francisco Catão
- *São Pedro, Apóstolo: novena e biografia* – Maria Belém
- *São Peregrino Laziosi* – Tarcila Tommasi
- *São Roque: novena e biografia* – Roseane Gomes Barbosa
- *São Sebastião: novena e biografia* – Mario Basacchi
- *São Tarcísio: novena e biografia* – Frei Zeca
- *São Vito, mártir: história e novena* – Mario Basacchi
- *Senhora da Piedade: setenário das dores de Maria* – Aparecida Matilde Alves
- *Tiago Alberione: novena e biografia* – Maria Belém